MEIN ERSTES STICKER WÖRTERBUCH

STICKERN & LERNEN

EIN  FÜR DIE UMWELT

Herrlich ist es am Strand! Die Sonne scheint, der Himmel ist blau und das Meeresrauschen klingt wie Musik in deinen Ohren. Breite dein Strandtuch aus und genieße es. Leider liegen hier aber auch Plastikflaschen und Tüten herum. Pass auf, dass die Schildkröte sich nicht verheddert!

Tipp: Nimm doch beim nächsten Ausflug ans Meer eine Tüte mit und sammle etwas Müll auf, den du am Strand findest. So kannst auch du etwas für die Umwelt tun!

Unterwasser ist so einiges los. Fische schwimmen um Korallen, Seepferdchen hüpfen umher. Sie versuchen dabei, schwimmendem Plastikmüll und Netzen auszuweichen. Kannst du alle Fische entdecken?

Tipp: Viele Sonnencremes sind schädlich für das Meer und seine Bewohner. Sag deinen Eltern, dass sie beim Kauf darauf achten sollen, dass die Sonnencreme nicht umweltschädlich ist!

Wer singt denn da so schön im Wald? Vielleicht ein Kuckuck? Welche Waldtiere kennst du sonst noch? Vielleicht entdeckst du auch ein paar leckere Erdbeeren oder Pilze? Aber vorsicht, manche davon sind giftig!

So ein Picknick im Park an der frischen Luft ist einfach toll! Brot, Käse und frisches Obst schmecken hier besonders gut. Was gibt es im Park sonst noch zu entdecken?

Tipp: Achte nach einem Picknick im Grünen darauf, dass du deinen Müll wieder mitnimmst oder in den Mülleimer wirfst!

Die Einkäufe müssen eingeräumt werden. Milchprodukte und Eier gehören in den Kühlschrank. Die restlichen Lebensmittel auch? Wohin mit dem Verpackungsmüll, der entsteht? Was findest du sonst noch in der Küche?

Tipp: Bitte deine Eltern, wenn möglich Lebensmittel ohne Verpackung zu kaufen.

Viele Lebensmittel müssen gar nicht in den Kühlschrank. In der Speisekammer kannst du nach Lust und Laune die Speisen einräumen. Probier's doch mal aus!

Am Fluss, S. 18/19

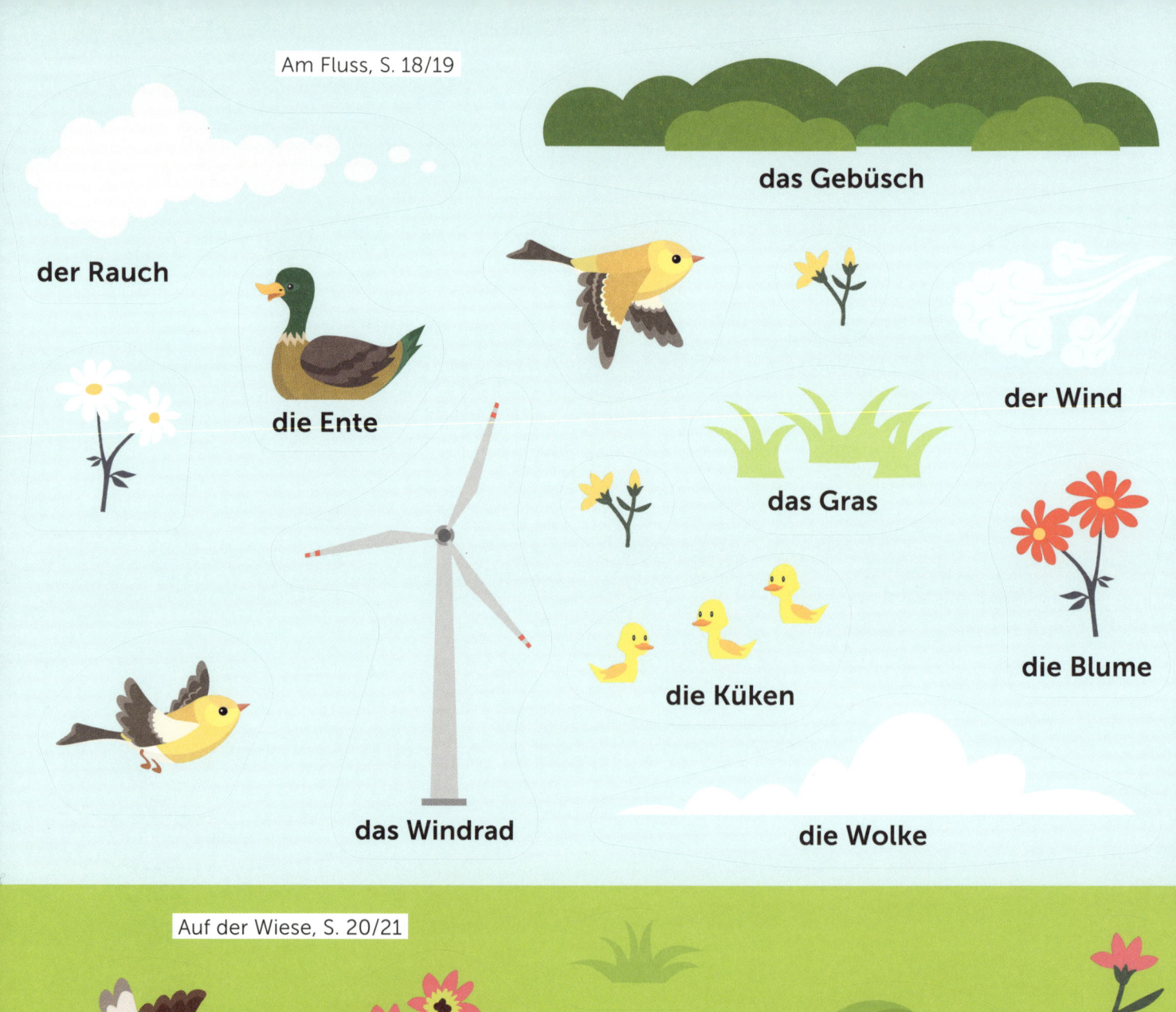

der Rauch
das Gebüsch
die Ente
der Wind
das Gras
die Küken
die Blume
das Windrad
die Wolke

Auf der Wiese, S. 20/21

der Käfer
die Hecke
die Biene
die Schnecke
der Schmetterling

Im Waschraum, S. 14/15

die Dreckwäsche
das Waschmittel
die Socken
die Steckdosen
das T-Shirt
der Wäschekorb
der Kleiderbügel
die Kleidung
das Bügeleisen
das Waschpulver

In der Stadt, S. 16/17

der Bus
die Vögel
die Mülltonne
der Helikopter
das Fahrrad
das Flugzeug
das Taxi

Im Wald, S. 6/7

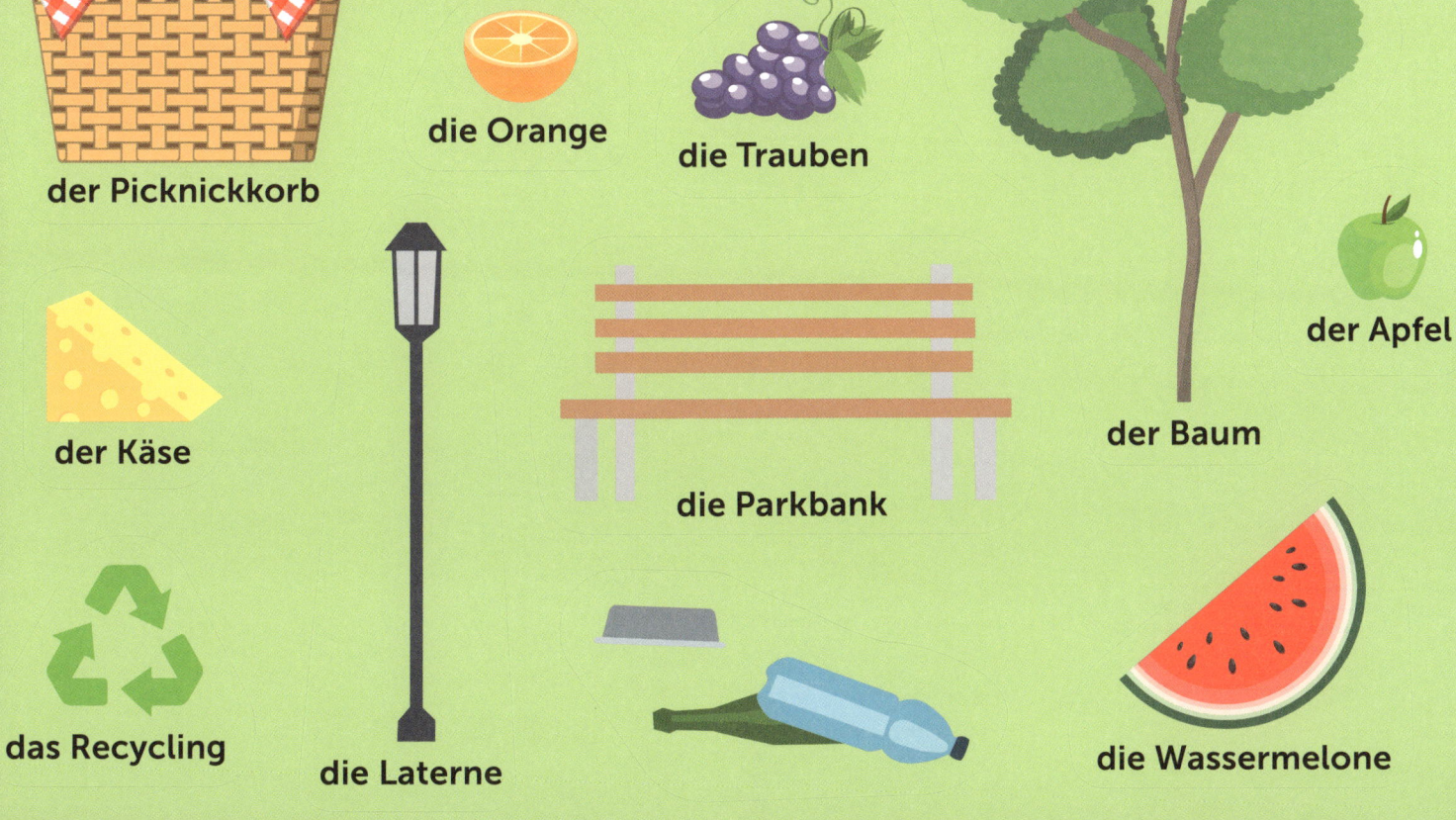

- der Waschbär
- der Pilz
- der Bieber
- die Eule
- der Kuckuck
- der Bär
- der Fuchs
- die Erdbeeren
- der Igel
- der Vogel
- das Eichhörnchen
- der Holzstamm
- der Hase

Im Park, S. 8/9

- der Picknickkorb
- das Brot
- die Orange
- die Trauben
- der Apfel
- der Käse
- die Parkbank
- der Baum
- das Recycling
- die Laterne
- die Wassermelone

Am schönsten ist die Wäsche natürlich schön sauber. Dreckwäsche rein, das passende Waschmittel dazu, Maschine an – danach musst du sie nur noch bügeln und aufhängen oder ordentlich zusammenlegen. Wie würde dein Waschraum aussehen?

Tipp: Statt die frischgewaschene Wäsche in den Trockner zu stecken, ist es besser, sie zum Trocknen an der frischen Luft aufzuhängen. Das spart Strom und ist gut für die Umwelt!

In der Stadt ist immer ganz schön viel los! Hier wimmelt es nur so von Fahrrädern, Bussen und Autos. Was könnte hier noch unterwegs sein? Klebe ein paar Bäume auf, so können Vögel und andere Tiere Schutz suchen. Außerdem sind Pflanzen auch in der Stadt sehr wichtig für das Klima und die Luft.

Tipp: Schlage deinen Eltern vor, öfter mal mit dem Fahrrad statt mit dem Auto zu fahren. Auch das ist gut für die Umwelt.

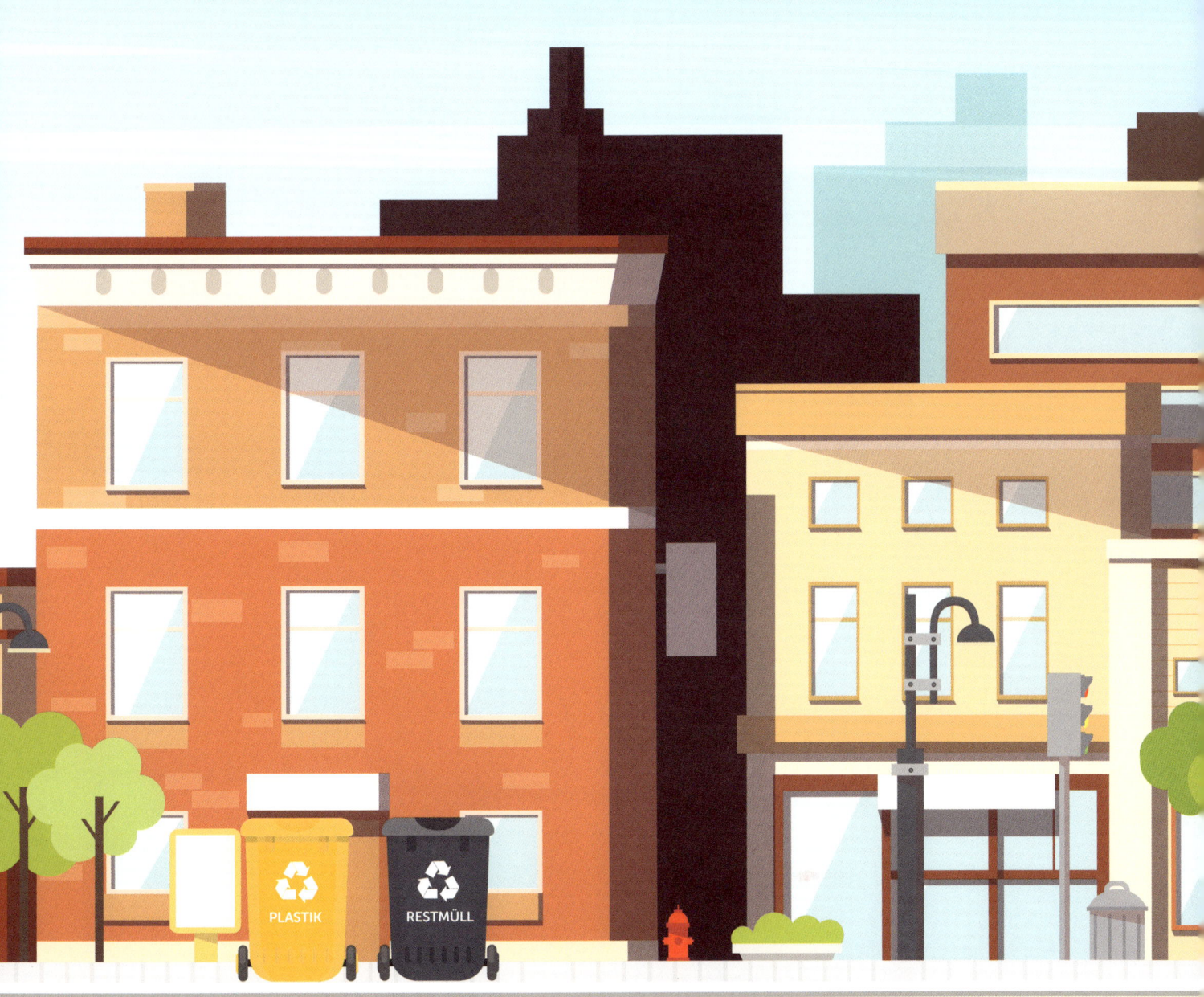

Neben einem Kraftwerk, aus dessen Schornstein Rauch steigt, stehen Windräder, mit deren Energie nachhaltig Strom produziert wird. Dabei entsteht kein Rauch, weil nichts verbrannt wird und damit die Luft verschmutzt. Schau mal, am Fluss sind auch einige Tiere unterwegs!

Tipp: Stromsparen ist gut für die Umwelt! Beim Verlassen eines Raumes löscht man am besten das Licht.

Bienen, Käfer und allerhand andere Insekten tummeln sich auf der bunten Blumenwiese! Herrlich, wie es hier duftet! Verschönere die Wiese mit weiteren Pflanzen. Welche Tiere könnten sich hier noch wohlfühlen?

Tipp: Bienenfreundliche Pflanzen im Garten, auf dem Balkon und sogar auf dem Fensterbrett helfen fleißigen Bienen und anderen Insekten bei der Nahrungssuche.

Ein Eisbär ist auf der Suche nach einer Eisscholle. Hilfst du ihm dabei? Du kannst hier außerdem auch Eisberge und andere Tiere entdecken! Sieh mal, da ist sogar ein Eskimo auf dem Weg zu einem Iglu!

Tipp: Schon mit wenigen Dingen kannst du die Umwelt schützen. Fange mit kleinen Schritten an, es ist nicht schwer!

Impressum

© 2021 Edition Michael Fischer GmbH, Donnersbergstr. 7, 86859 Igling
Covergestaltung: Celina Reiser
Layout und Satz: Franziska Blask
Bildnachweis:
Hintergründe: © Alfmaler/Shutterstock, © Amanita Silvicora/Shutterstock, © Ann.and.Pen/Shutterstock, © ansveta/Shutterstock, © Astira/Shutterstock, © barkarola/Shutterstock, © BigMouse/Shutterstock, © CHAIWATPHOTOS/Shutterstock, © CloudyStock/Shutterstock, © curiosity/Shutterstock, © Dmytro Nychytalyuk/Shutterstock, © Eduard Radu/Shutterstock, © Eloku/Shutterstock, © Giuseppe_R/Shutterstock, © Golden Vector/Shutterstock, © Good-Studio/Shutterstock, © HasanovaRuzana/Shutterstock, © ingaart/Shutterstock, © Jemastock/Shutterstock, © kirstenstyle/Shutterstock, © Maike Hildebrandt/Shutterstock, © holaillustrations/Shutterstock, © helenreveur/Shutterstock, © Meilun/Shutterstock, © MicroOne/Shutterstock, © Modvector/Shutterstock, © Mr. Luck/Shutterstock, © Nadya_Art/Shutterstock, © NotionPic/Shutterstock, © Pogorelova Olga/Shutterstock, © Stars in the sky/Shutterstock, © StockSmartStart/Shutterstock, © sub job/Shutterstock, © Tartila/Shutterstock, © TItusShutter/Shutterstock, © Vektor illustration/Shutterstock, © Vectorpocket/Shutterstock, © VectorShow/Shutterstock, © Wiktoria Matynia/Shutterstock, © yulia shingareeva/Shutterstock, © YummyBuum/Shutterstock

ISBN 978-3-7459-0875-6
Gedruckt bei LANAREPRO GmbH, Peter-Anich-Straße 14, 39011 Lana, Italien

www.emf-verlag.de

Die im Buch veröffentlichten Aussagen und Ratschläge wurden von VerfasserInnen und Verlag sorgfältig erarbeitet und geprüft. Eine Garantie für das Gelingen kann jedoch nicht übernommen werden, ebenso ist die Haftung der VerfasserInnen bzw. des Verlags und seiner Beauftragten für Personen-, Sach- und Vermögensschäden ausgeschlossen.